ein neuer Stil von Blumenarrangements, nämlich *Moribana*, in dem die Blumen wie angehäuft angeordnet werden.

Jiyūbana (freier Stil)

Es bildete sich die Bewegung: „das Ikebana ist eine Kunst". Die bisherige Form, die Materialeinschränkung und die Beschränkung in der Auswahl der Gefäße wurden verneint. Man ließ der Fantasie freien Lauf.

Zen-ei-bana (Avantgarde-Stil)

Nach dem 2. Weltkrieg belebte sich die avantgardistische Bewegung wieder, das Ikebana als bildliche Kunst darzustellen. Im Extremfall dieser Bewegung wurde das Ikebana ohne Gefäß oder Blumen probiert.

Das Ikebana heute in Japan

Es soll zweihundert verschiedene Schulen des Ikebana geben mit etwa zwei Millionen Schülern.
Das Ikebana wird heute noch im *Tokonoma* (Wandnische) zu Hause aufgestellt. Wenn kein Tokonoma vorhanden ist, wird es meistens auf den Schuhschrank im Flur gestellt. Man findet das Ikebana aber auch oft in Schaufenstern oder in Restaurants. Es gehört zum japanischen Alltag.

Die Klassifikationen des Ikebana

Das Ikebana läßt sich heute grob in zwei Richtungen unterteilen, in die modernen und in die klassischen Arrangements.

Weitergehende Unterteilungen sind je nach Schule recht unterschiedlich.
Ich möchte hier wie folgt unterteilen:

1. *Moribana* = Schalenarrangement
2. *Nageire* = Vasenarrangement
3. *Chū-ō-bana* = Tischarrangement
4. *Morimono* = Plattenarrangement
5. *Ichirin-ike* = Arrangement mit 1 Blüte
6. *Sōsakubana* = Freies Arrangement

Wir widmen uns im weiteren einem Ikebana, das leicht arrangierbar ist und auch der europäischen Wohnkultur entspricht.
Nach einer eigenen Methode entwerfe ich neue Formen. Alle Leitlinien sind mit klaren Bezeichnungen versehen, die vom *Rikka*, der Quelle des Ikebana, abgeleitet sind.
Sie werden finden, daß ich jedem Gesteck einen Namen gebe, der nicht beschreibt, sondern einem Motto gleichkommt. Das ist ein wichtiger Punkt für das Verständnis dieser Kunst. Nicht das objektiv schöne Gesteck, sondern die optimale Verkörperung seines Themas steht beim traditionellen Ikebana im Vordergrund. Und so wollen wir es auch halten.

Wichtige Hilfsmittel

Ikebana ist eine sehr ernsthafte Sache. Auf Dauer kann man jedoch nur Freude daran haben, wenn man die Grundregeln beherrscht und anwendet.
Ebenso unentbehrlich sind die wichtigsten Hilfsmittel, damit man soweit wie möglich nach den Gesetzen des Ikebana arbeiten kann und nicht ständig improvisieren muß. Gerade der Anfänger sollte sich weitgehend an meine Lehrbeispiele halten.

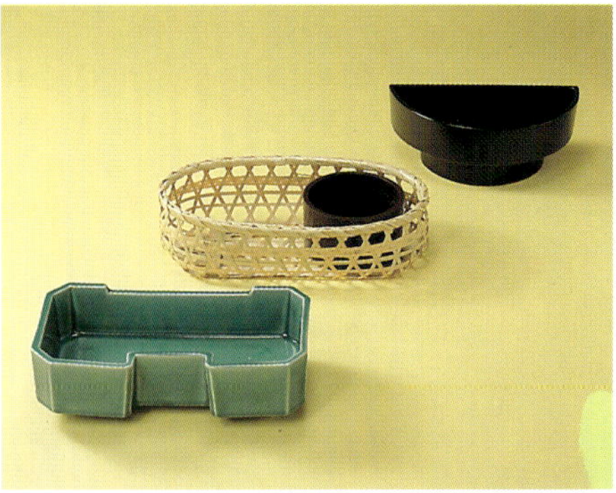

Das Gefäß

Theoretisch ist jedes beliebige Gefäß verwendbar, denn Vorschriften in Bezug auf Form, Farbe, Größe und Material gibt es für Ikebana nicht. Da aber das Gefäß ein sehr wichtiger Bestandteil des Gesteckes ist, spielen diese Faktoren eben doch eine mitentscheidende Rolle.
Für den *Moribana*-Stil werden Flachschalen oder Schalen mit Füßen bevorzugt. Als Material ist Keramik besonders beliebt. Die Bilder zeigen einige Beispiele, die bei den Vorschlägen vorzugsweise benutzt wurden.

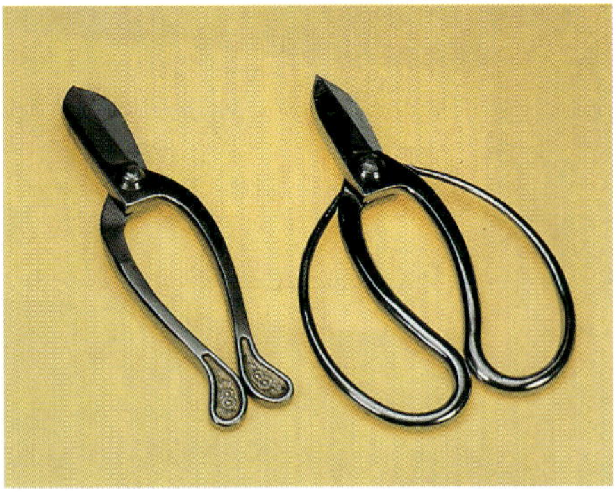

Ikebana-Schere

Es gibt verschiedene Formen von Ikebana-Scheren. Die echte ist so konstruiert, daß sie sowohl feine, weiche Blumenstiele, als auch grobe, harte Zweige schneiden kann. Manche Scheren haben noch eine spezielle Klinge zum Drahtschneiden. Da das

Pflanzenmaterial zur besseren Haltbarkeit unter Wasser geschnitten werden muß, ist immer eine Ausführung aus rostfreiem Stahl zu empfehlen.

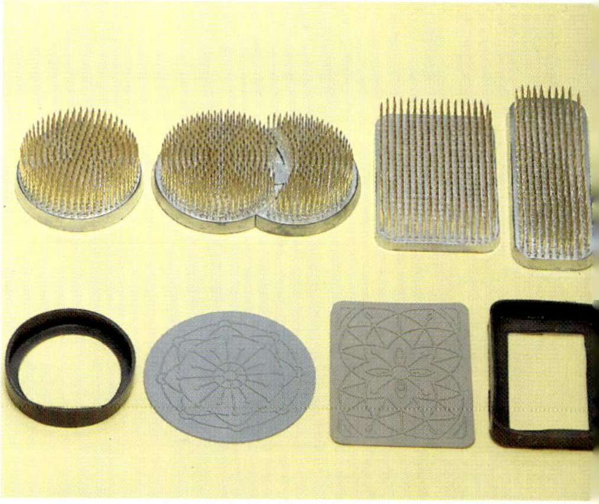

Kenzan

Der Kenzan ist eine Blei-Antimon-Platte mit eingegossenen Nadeln, die zur Befestigung der Pflanzen dienen. Form und Größe des Kenzans richtet sich nach dem jeweiligen Gefäß. Ausschlaggebend sind das Gewicht des Kenzans und die Stabilität der Nadeln.

Kenzan-Unterlagen

Die meist aus Gummi hergestellte Unterlage verhindert das Rutschen des Kenzans im Gefäß und bewahrt dieses gleichzeitig vor Kratzern.

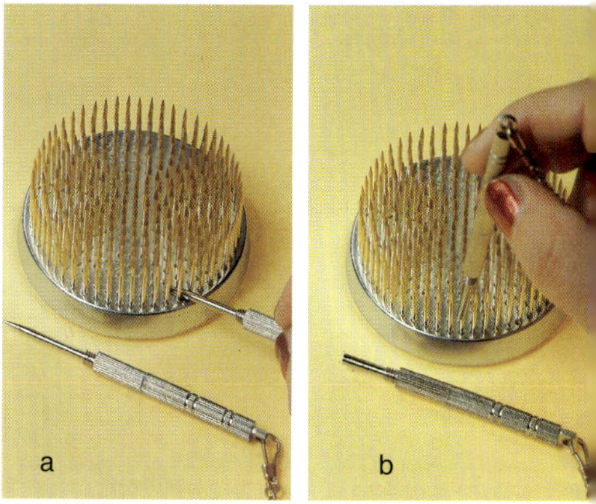

Kenzan-Aufrichter und -Stocher

Dieses empfehlenswerte Werkzeug gibt es in verschiedenen Ausführungen. Mit dem Stocher wird das zwischen den Nadeln eingeklemmte Material entfernt (a), mit dem Aufrichter werden verbogene Nadeln aufgerichtet (b).

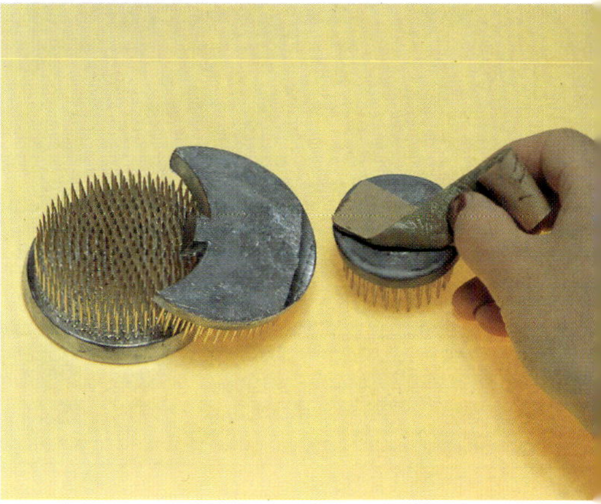

Kenzan-Befestigung

Ist ein Kenzan zu leicht und droht umzukippen, wird ein anderer Kenzan als Gegengewicht darauf gelegt. Eine andere Möglichkeit ist das Befestigen des Kenzans im Gefäß mit doppelseitigem Klebeband.

Wasserpumpe

Damit man möglichst lange Freude am Gesteck hat, muß das Wasser regelmäßig ausgetauscht werden. Im Sommer natürlich öfter als in der kalten Jahreszeit. Der Wasseraustausch ist mit einer Wasserpumpe problemlos möglich und beeinträchtigt auch nicht das Gesteck.

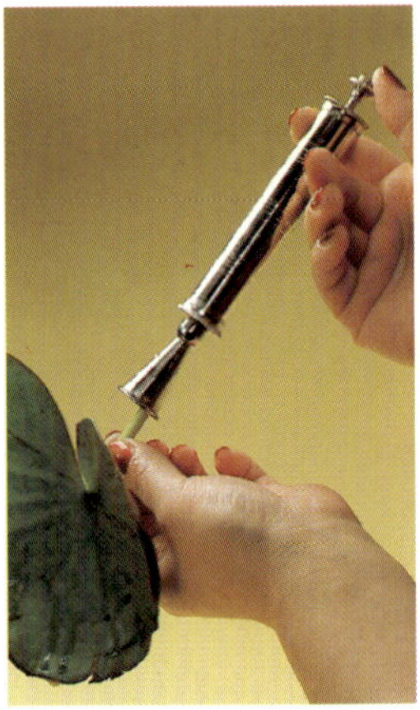

Wasserspritze

Mit der Spritze kann man das Wasser direkt in den Pflanzenstiel „injizieren". Ebenso kann damit das Arrangement besprüht werden.

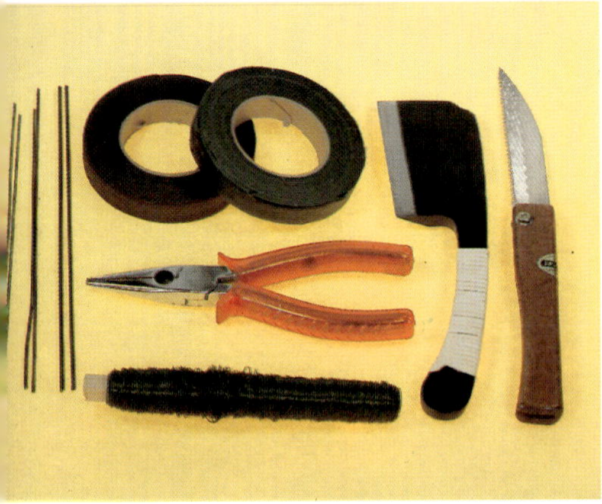

Zum Handwerkszeug

gehören auch Säge, Beil, Zange, Blumendraht und Floristenband. Auf die Anwendungsmöglichkeiten dieser Gegenstände wird zu gegebener Zeit hingewiesen.

Arbeitstechniken

Mit der Schere richtig arbeiten

Sie halten einen Griff fest und den anderen locker, wie es die Abbildung zeigt, dann verklemmen sich die beiden Klingen nicht. Beim Schneiden dürfen Sie die gekreuzten Klingen niemals nach rechts oder links drehen, weil sonst die Klingen leicht abbrechen.

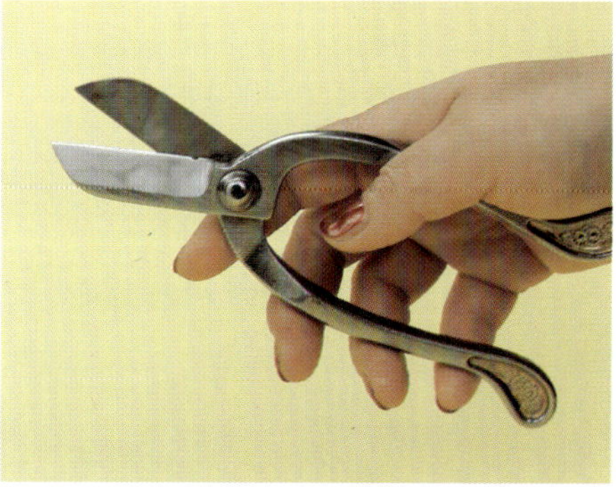

Grobe, dicke Pflanzenteile müssen schräg geschnitten werden. Zu dicke oder zu harte Materialien bekommen weitere Einschnitte.
Beispiel: Baumzweige und Äste.

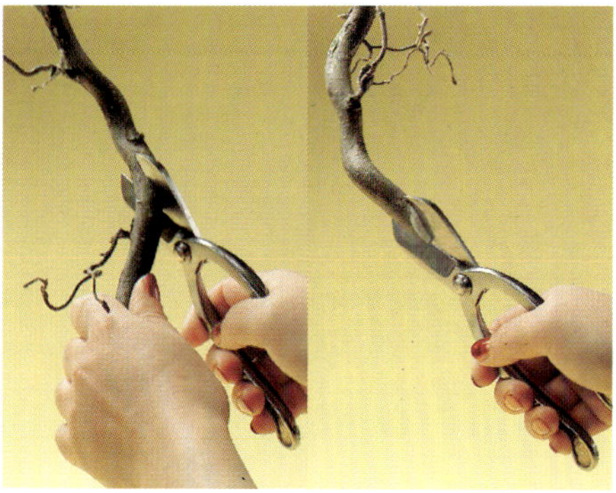

Feine, dünne Pflanzen müssen gerade geschnitten werden.
Beispiel: Blumen- und Grasstiele.

Wie wird der Kenzan bestückt?

Beim Stecken grober, dicker Zweige werden diese zuerst schräg geschnitten, dann senkrecht tief bis zum Nadelende in den Kenzan gesteckt (a) und erst anschließend in die gewünschte Richtung geneigt (b). Die Schnittflächen müssen immer nach oben zeigen.

Feine, dünne Pflanzenstiele werden gerade abgeschnitten und gleich in der endgültigen Form auf den Kenzan gesteckt (c).

Ein Stiel mit relativ großem Hohlraum wird auf einen anderen, festen Stiel geschoben, der zuvor in den Kenzan gesteckt wurde (d).

Dünne Stengel, die sich allein im Kenzan nicht halten können, werden deshalb mit Floristenband entweder mit einem dickeren Stiel verbunden (e) oder aber in einen hohlen Stiel von Gerbera, Aster, Zinnie usw. eingesteckt (f).
Beispiel: Schleierkraut, Farn.

a

b

c

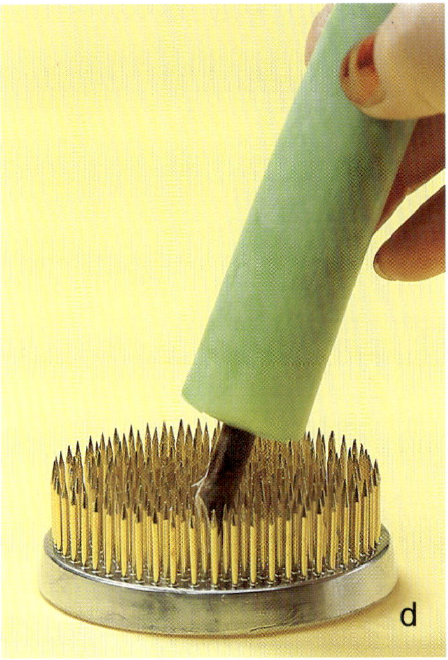

d

e

f

Das Biegen von Pflanzen

Glättendes Biegen

Feine, dünne Stiele und Blätter werden, mit beiden Händen glättend, vorsichtig gebogen.
Beispiel: Freesien- und Tulpenstiele, Blätter.

Drehendes Biegen

Spröde Zweige werden durch Drehen zuerst schmiegsam gemacht und dann gebogen.
Beispiel: Forsythien, Eichen.

Schnittbiegen

Dicke Zweige werden leicht angeschnitten bzw. gebrochen und dann gebogen.
Beispiel: Kiefernzweige.

Das Herrichten von Blättern

Manche Blätter kommen erst richtig zur Geltung, wenn wir sie entsprechend „frisieren", d. h. herrichten. Es gibt unzählige Möglichkeiten einer solchen Manipulation. Einige davon seien hier als Anregung vorgestellt.

Aufrollen

Ein zu langes, flaches Blatt wirkt ganz anders, wenn es gerollt wird.
Beispiel: Blatt von Tulpen,
Blatt von Narzissen.

Verkleinern

Ein zu großes Blatt kann originalgetreu verkleinert werden. Dabei kann die blatttypische Form sogar noch unterstrichen werden.
Beispiel: Blatt von Flamingoblume
(Anthurium),
Blatt von Dieffenbachie.

Einschneiden

Ein langes, parallelnerviges Blatt kann seinen „Adern" entlang eingeschnitten werden und sieht dann so elegant wie Spitzen oder Lamellen aus.
Beispiel: Schildblume (Aspidistra).
Blatt von Blumenrohr (Kanna).

Abreißen

Für manche Gestecke ist es wünschenswert, Blätter zu verwenden, die „angefressen" aussehen. Auch das läßt sich fingieren. Wenn wir vom Originalblatt die Spitze mit den Fingern abreißen, wirkt es natürlicher, als wenn wir eine Schere zu Hilfe nehmen.
Beispiel: Blätter für spätherbstliche und winterliche Gestecke.

Ändern der Form

Man kann auch der Fantasie freien Lauf lassen. Ungeachtet der Ursprungsform eines Blattes wird eine beliebige, völlig andere Fantasieform herausgeschnitten.
Beispiel: Blätter von grünen Zimmerpflanzen.

Teilen

Möchten wir ein zu langes Blatt gekürzt verwenden, dann kann es geteilt werden, woraus zwei verkleinerte Blätter entstehen.
Beispiel: Blatt vom Farn,
Blatt von Strelitzie.

Gestaltung des Gestecks

Nach welchen Gesichtspunkten gestaltet man ein Gesteck?

Bei Ikebana müssen fünf Grundfaktoren aufeinander abgestimmt sein:

1. Material	4. Zweck bzw. Anlaß
2. Gefäß	5. Standort
3. Form	

Es hängt von den Umständen ab, welchem Faktor wir den ersten Rang einräumen. Jedenfalls müssen die restlichen vier hiermit in Einklang gebracht werden.

1. Das Material

Sie erhielten z. B. bestimmte Blumen, mit denen Sie ein Arrangement gestalten möchten. Dann heißt es, nach einem passenden Gefäß suchen, den Standplatz und die Form des Gesteckes festlegen. Für die Blumen selbst ist wichtig:

1.1. Zuerst entscheiden, welche Blume die Hauptrolle im Arrangement spielen soll.

1.2. Für Linien-, Punkt- und Flächenfunktionen sind drei verschiedenartige Materialien nötig.

1.3. Haben die Blumen unterschiedliche Farben, so dürfen sie nicht in gleicher Anzahl sein.

1.4. Wenn Zweige im eigenen Garten geschnitten werden, dann sollte dies von verschiedenen Seiten geschehen. So wird das Gesteck interessanter und abwechslungsreicher.

2. Das Gefäß

Dann müssen sich Form, Material und die übrigen Faktoren dem gegebenen Gefäß unterordnen.

3. Die Form

Diese Priorität könnte z. B. in einem Kurs festgelegt werden. Alles andere wird zur optimalen Lösung dieser Vorgabe ausgewählt.

4. Der Anlaß

Oft werden Gestecke für Hochzeit, Geburtstag, Ostern, Weihnachten oder zu anderen Anlässen arrangiert. Bei der Auswahl der Pflanzen sollte berücksichtigt werden:

Hochzeit:
Keine Blumen einbeziehen, deren Knospen oder Blüten leicht verwelken oder abfallen, z. B. Kamelien.

Geburtstag:
Die Lieblingsblume des „Geburtstagskindes" mitberücksichtigen.

5. Der Standort

Größe und Form des Gesteckes werden durch den Standort bestimmt. Bei einem erhöhten Platz ist die hängende Form empfehlenswert. Auf der Anrichte bietet sich die Kontrastform an, weil sie sich von drei Seiten betrachten läßt. Für einen großen Raum sind ein großes Gefäß und viel Pflanzenmaterial erforderlich.

Bezeichnungen und Maße der Linien

Bei Ikebana hat jede Linie ihre klar festgelegte Funktion. Die Maße stehen in einer bestimmten Relation zueinander, wobei das Gefäß einen bestimmenden Einfluß hat.

Da diese Gesetze Grundlage für jedes *Moribana*-Arrangement sind, werden diese Angaben auf dem ausklappbaren Teil des Umschlags wiederholt.

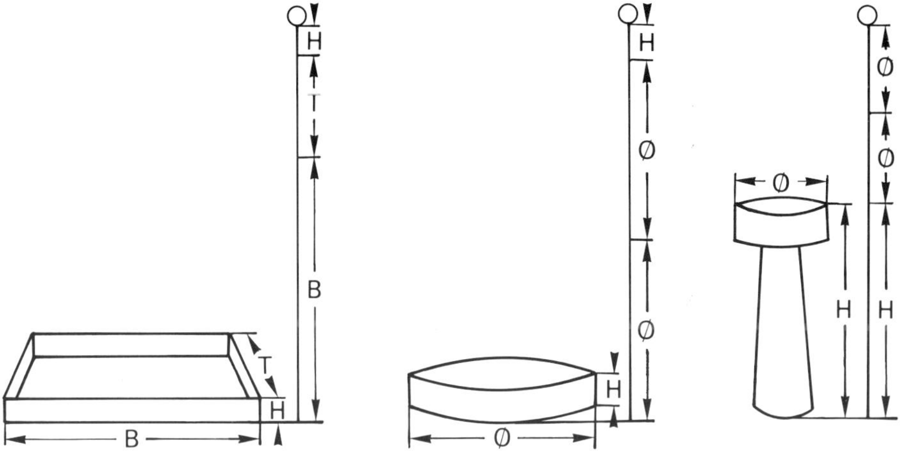

○	*Shin*	*= Breite + Tiefe + Höhe oder 2× Durchmesser + Höhe des Gefäßes*
□	*Shōshin*	*= ½ Shin*
△1	*Dō-ichi(–1)*	*= ⅓ Shin*
△2	*Dō-ni(–2)*	*= ⅔ Dō-ichi*
▼	*Tome*	*= richtet sich nach Dō-Teil*
▲	*Mikoshi*	*= richtet sich nach Shin-Teil*

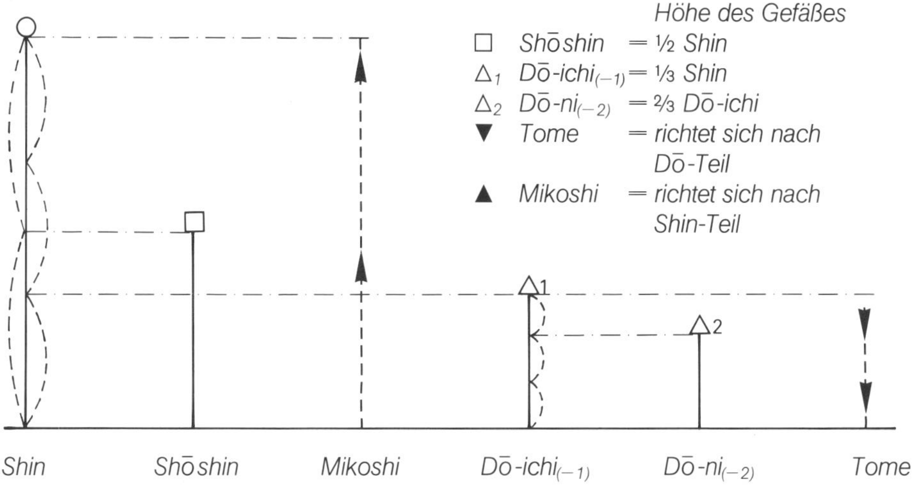

Das Material für Leitlinien

Jede Form eines Arrangements besteht aus Leitlinien und zugeordneten Ergänzungslinien. Passendes Material für Leitlinien sind:

Shin:	Klares, linienzeigendes Material (z. B. Zweig, Pampasgras)
Shōshin:	Auffallendes, aber mit dem *Shin*-Material harmonierendes Material (z. B. Rose, Lilie)
Dō:	Füllendes Material (z. B. Aster, Geranien)
Tome:	Steckposition garnierendes Material (z. B. Farn, Buchsbaum)
Mikoshi:	Material, das dem Arrangement Tiefe bzw. Plastizität verleiht (z. B. Farn, Zweige, sonstige Blätter)

Vorschläge zur Materialkombination

	Vorschlag 1	*Vorschlag 2*
Frühlings-arrangement:	Forsythie Iris Tulpe	Scheinquitte Rose Akazie
Sommer-arrangement:	Pracht-scharte Dahlie Schleierkraut	Gladiole Artischocke Geranie
Herbst-arrangement:	Pampasgras Enzian Kosmea	Cotoneaster Lilie Aster
Winter-arrangement:	Weiden-kätzchen Narzisse Freesie	Kiefer Orchidee Alpen-veilchen

Beginn des Advents
Aufrechte Form
Beschreibung auf Seite 36

Farbenkombination
Aufrechte Form
Beschreibung auf Seite 39

Aufrechte Form

Der Kenzan
wird wie folgt angeordnet:

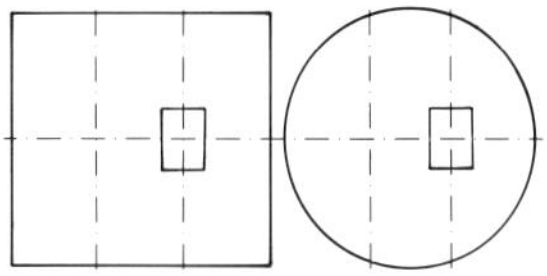

Die Materialien werden
in der Reihenfolge
von a bis d gesteckt:

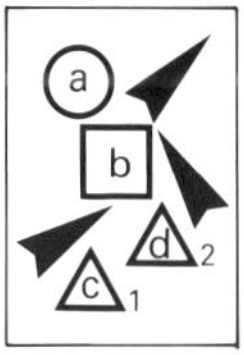

Das *Shin* neigt sich
um etwa 70 Grad
nach links:

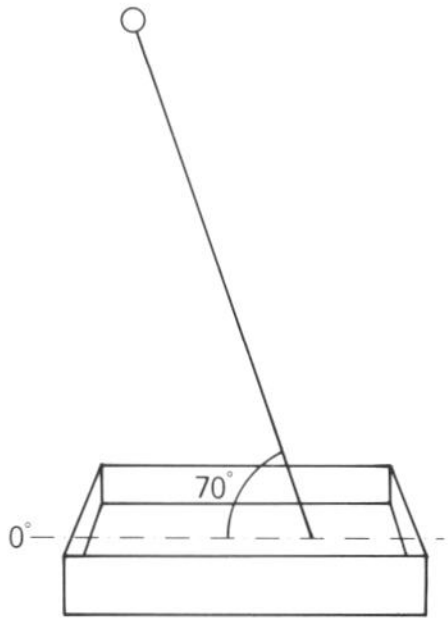

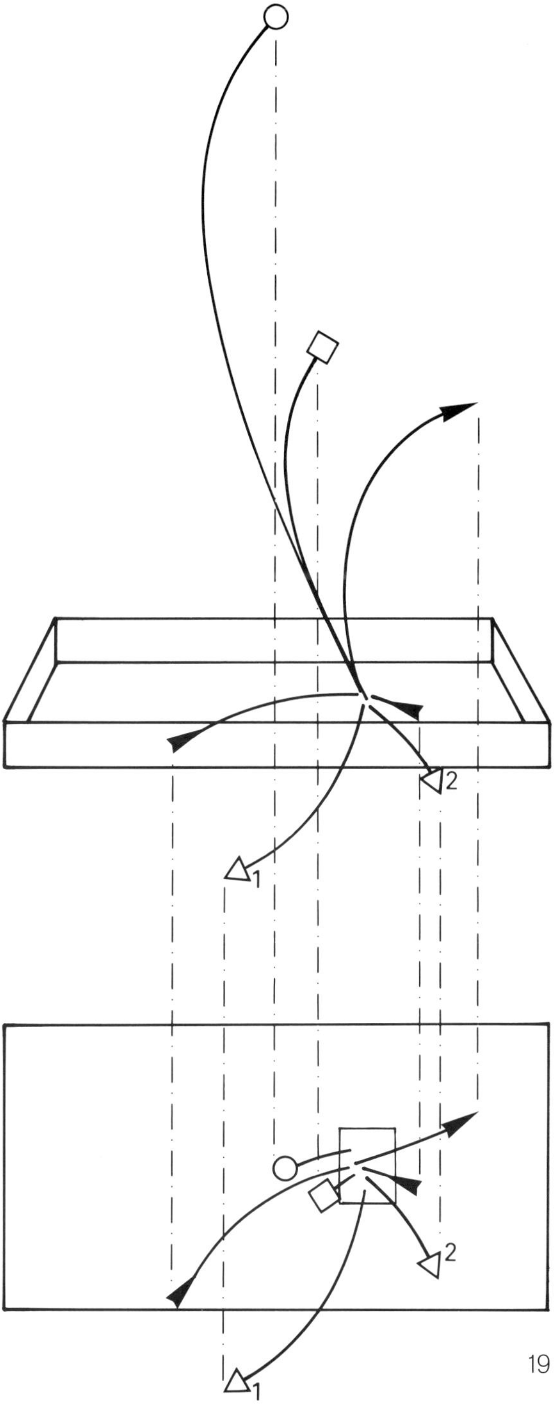

Freude am Wachsen
Aufrechte Form
Beschreibung auf Seite 34

Geneigte Form

Die meisten Materialien sind entweder nach links oder rechts geneigt. Die hier gezeigte Anordnung ist für ein Arrangement, bei dem ein linksneigendes Material als *Shin* verwendet wird. Bei einem rechtsneigenden *Shin* wird die ganze Anordnung spiegelbildlich umgestellt.

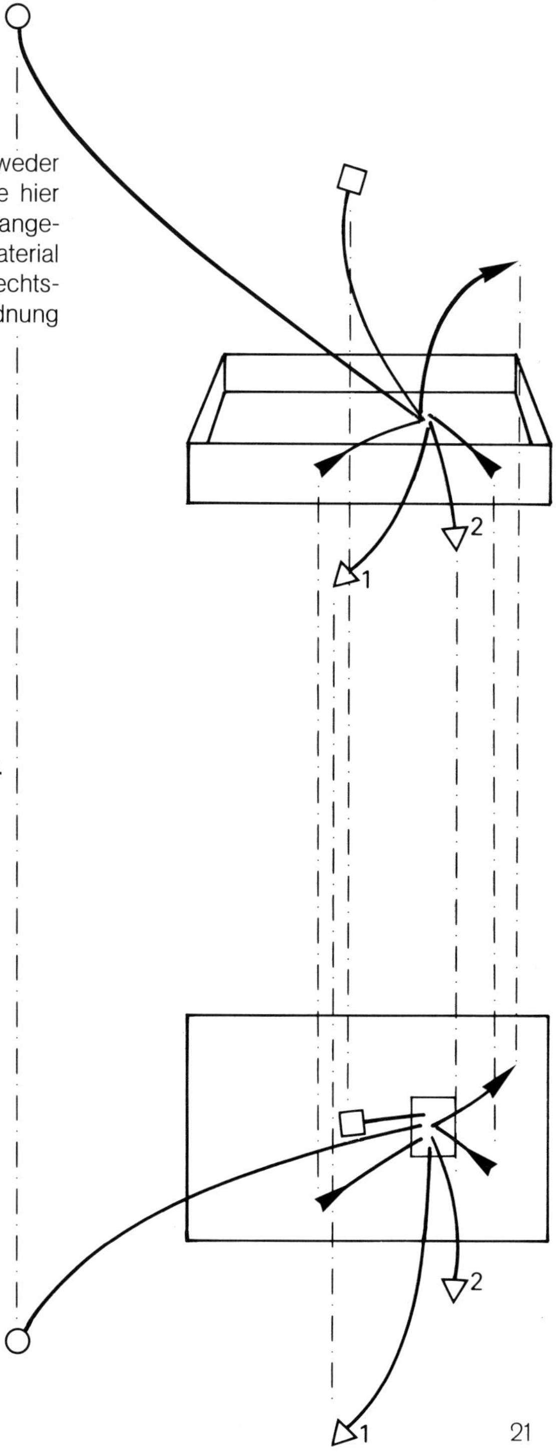

Im Gegensatz zur aufrechten Form kommt das *Shōshin* hinter dem *Shin*.

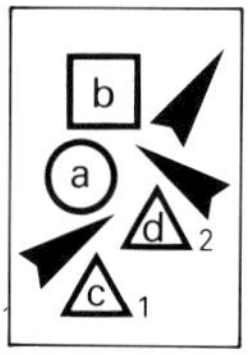

Der Neigungswinkel des *Shin* beträgt ca. 40 Grad.

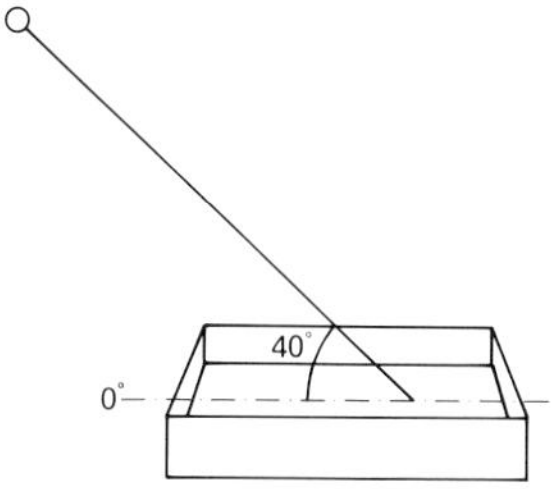

Hängende Form

Bei der hängenden Form wird ein *Compote* (pokalförmiges Gefäß) bevorzugt, wobei der Kenzan genau in die Mitte gestellt wird.

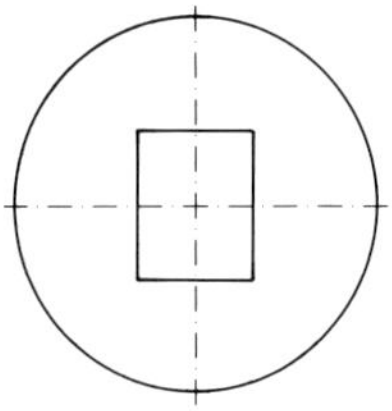

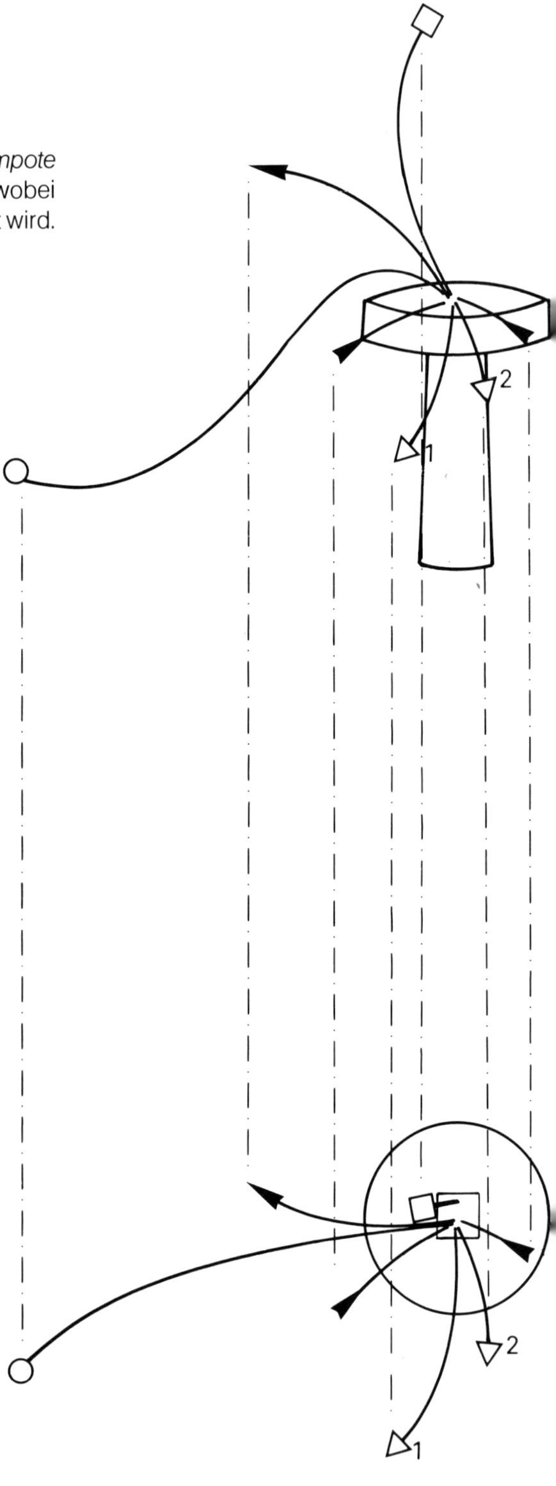

Die Materialien werden wie folgt angeordnet:

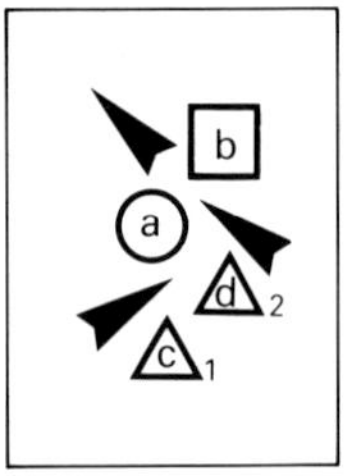

Das *Shin* muß, ausgehend von der Gefäßöffnung, gut 20 Grad nach unten hängen.

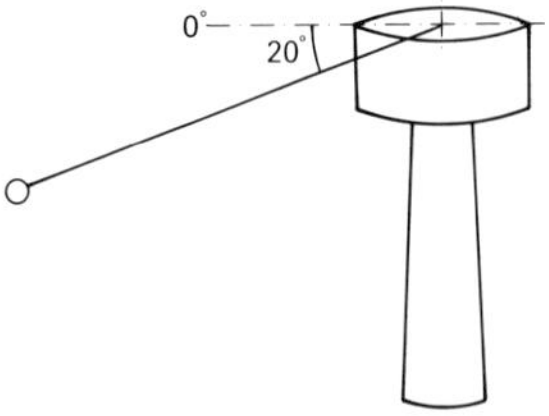

Faszination einer Ranke
Hängende Form
Beschreibung auf Seite 40

Geteilte Form

Bei der geteilten Form werden die Leitlinien auf zwei Kenzans getrennt gesteckt. Die beiden Kenzans werden nicht nebeneinander, sondern hintereinander angeordnet; ihr Abstand richtet sich nach den gegebenen Materialien. Dem *Shin* wird ein *Dōza* in Form eines Steines, einer Wurzel oder Baumrinde zugeordnet, um das sonst obligatorische *Dō* abzulösen.

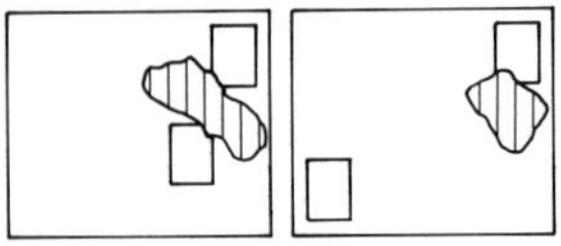

Die *Shin, Shōshin, Tome* und *Mikoshi* kommen auf den hinteren, die *Tome, Dō*$_{(-1)}$ und *Dō*$_{(-2)}$ auf den vorderen Kenzan.

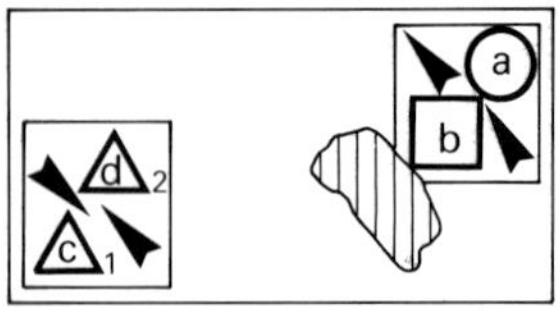

Das *Shin* hat einen Neigungswinkel von ca. 70 Grad und wird nach außen gerichtet.

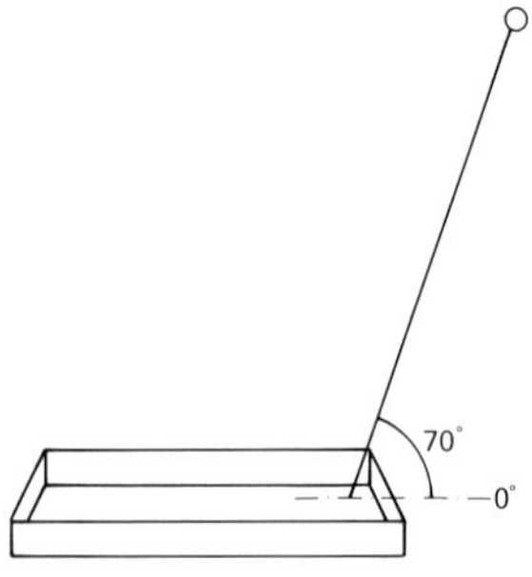

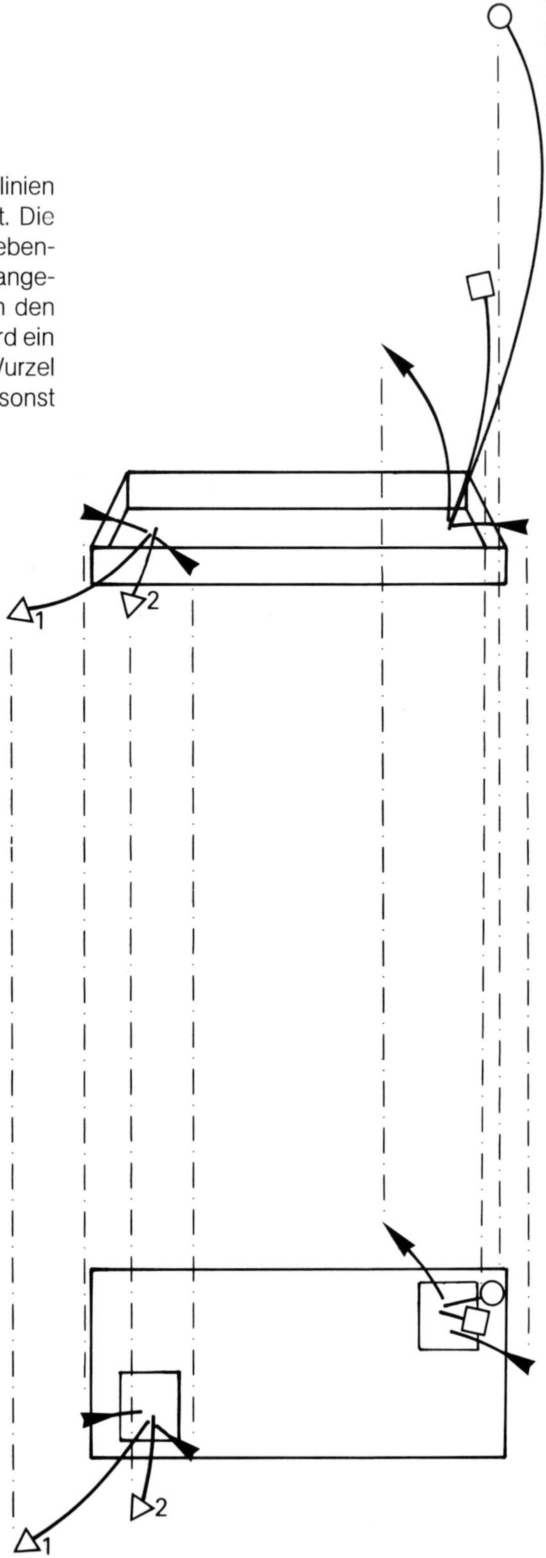

Loblied auf den Herbst
Geteilte Form
Beschreibung auf Seite 40

Gang durch den Herbst
Kombinierte Form
Beschreibung auf Seite 44

Kombinierte Form

Die kombinierte Form ist eine Verbindung mehrerer gleichartiger oder unterschiedlicher Formen auf einzelnen Kenzans. Die Kombinationsmöglichkeiten sind unbegrenzt. Im Beispiel sind es je eine geneigte und eine aufrechte Form. Die Kenzans werden nicht nebeneinander, sondern hintereinander angeordnet.

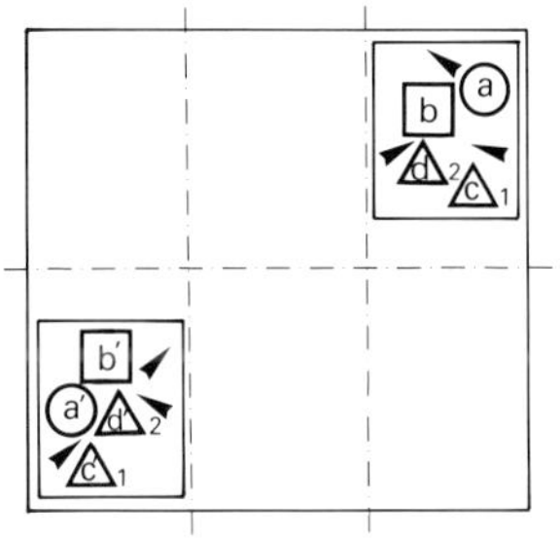

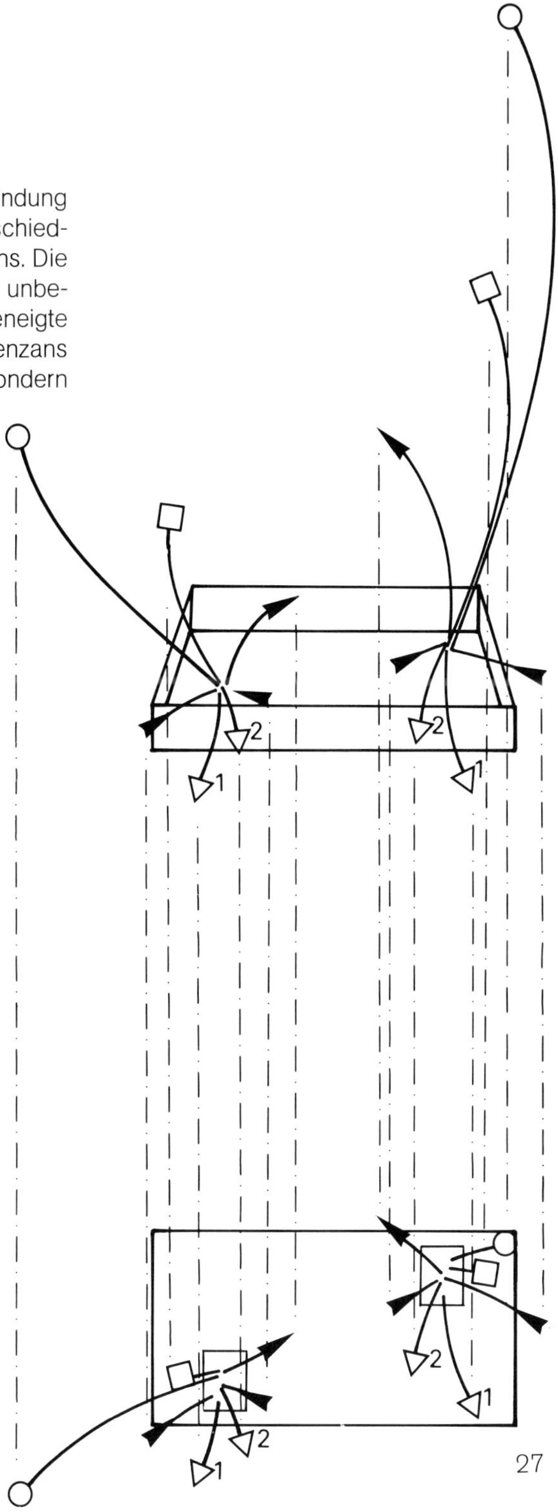

Die *Shin* müssen verschieden lang sein und sich immer nach außen neigen, damit unterschiedliche Formate erzielt werden.

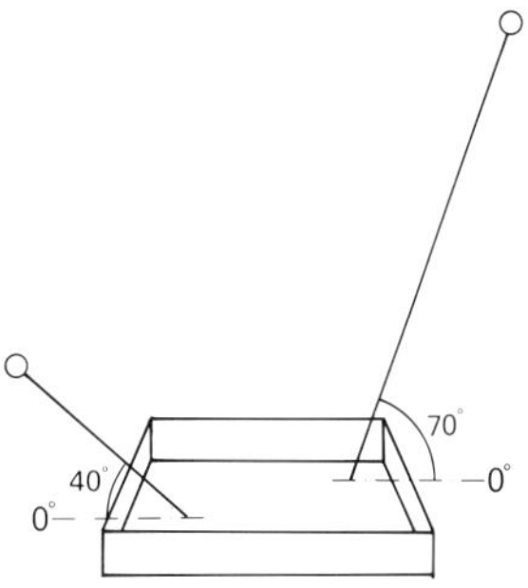

Kontrastform

Die Kontrastform ist eine Kombination aus geneigter und hängender Form oder aus zwei hängenden Formen, die kontrastreich auf einen Kenzan gesteckt werden. Zuerst wird die erste Form arrangiert, wobei ihr *Shōshin* gegenüber ihrem *Shin* kommen muß.

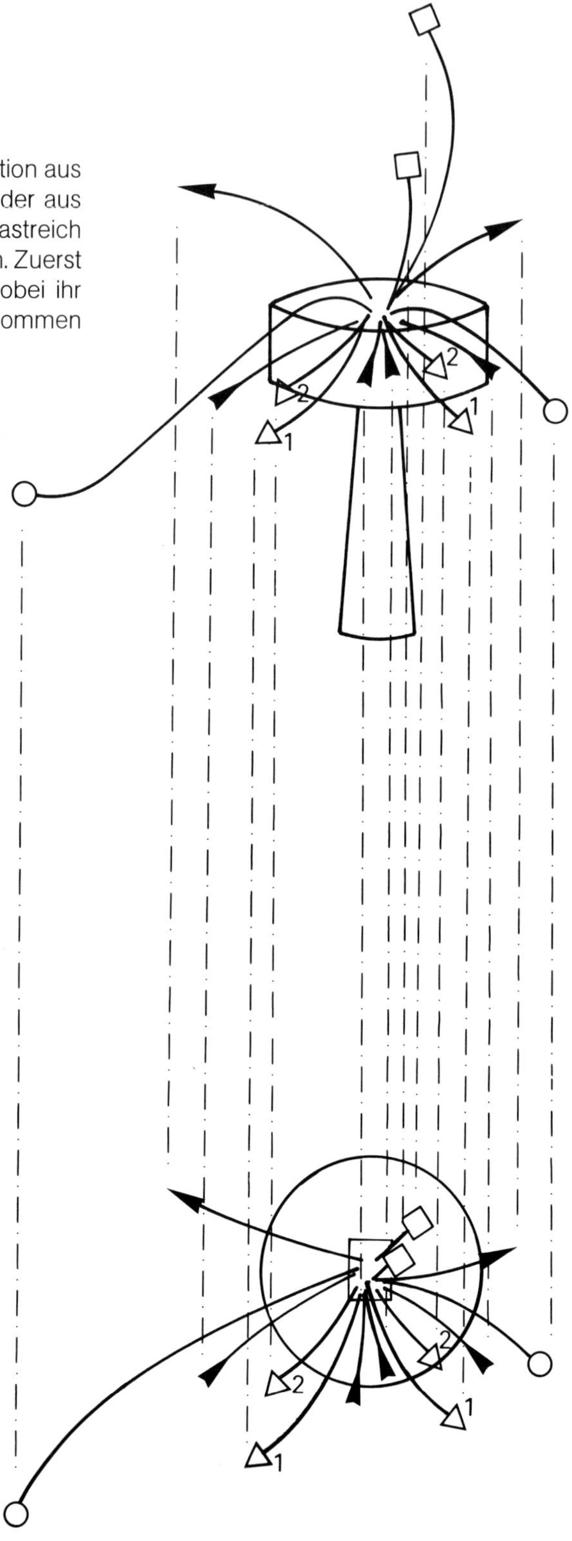

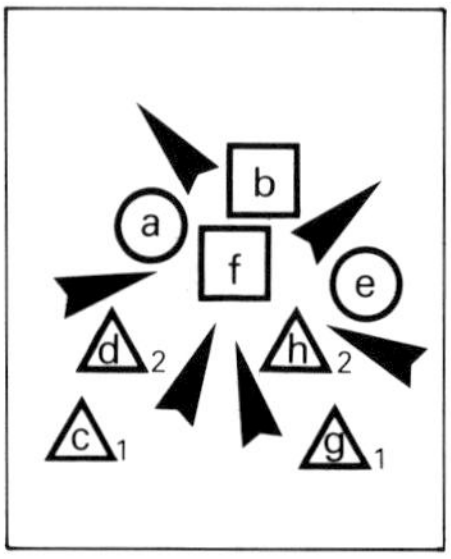

Das *Shin* der zweiten Form soll kürzer sein (⅔–½ des ersten *Shin*) und hat eine andere Neigung.

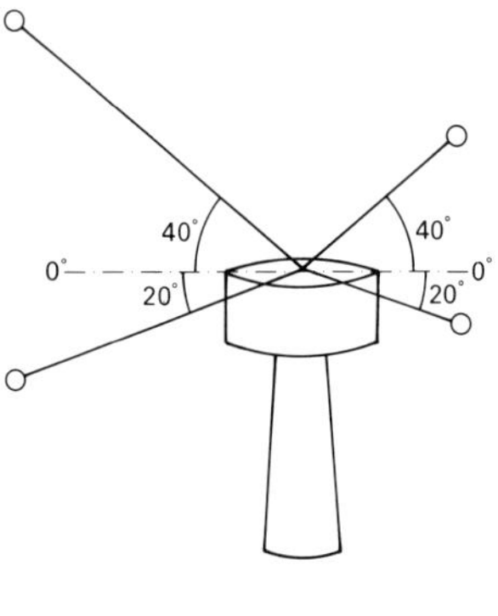

Unsere erste Übung

Aufrechte Form

Material:
1 Glasbaustein 24x24 cm
1 runder Kenzan ø ca. 7 cm
5 Rosen ca. 60 cm lang
2 Farne
etwas Schleierkraut

Ikebana ist von vielen Dingen abhängig, ganz besonders natürlich von den verfügbaren Blumen und Pflanzen. Darum dürfen Sie meine Vorschläge nicht zu eng sehen.

Ich wünsche mir, daß Sie durch meine Anregungen mehr und mehr zu eigenen Entwürfen kommen.

Aber es ist doch ganz bestimmt sinnvoll, daß wir wenigstens eine Übung zusammen durchführen, wobei Sie sich ganz an meine Anweisungen halten. Ich habe Material gewählt, das relativ leicht beschafft werden kann.

Als Gefäß wählte ich einen Glasbaustein, der im Baumarkt, im Gartencenter, in Blumenläden und oft auch im Bastelgeschäft erhältlich ist. Er kann quadratisch oder rechteckig sein. Wir wählen einen relativ großen Stein von 24x24 cm.

Der Kenzan muß groß genug sein, um die Stiele aller Materialien aufnehmen zu können. Ich halte einen Durchmesser von ca. 7 cm für angemessen. Eine Gummi-Unterlage oder ein Gummiring werden die Unebenheiten im Gefäß ausgleichen.

Als Material besorgen wir uns fünf langstielige Rosen mit sauberen Blättern, dazu etwas Farn und eventuell noch Schleierkraut.

Nach demselben Konzept können Sie natürlich auch Nelken, Pfingstrosen, Dahlien, Zinnien, Chrysanthemen, Tulpen und anderes stecken.

1. Der Kenzan wird so in das Gefäß gelegt, daß sein Mittelpunkt von der linken Schalenseite doppelt so weit entfernt ist wie von der rechten. Ins Gefäß wird soviel Wasser gegossen, daß die Spitzen des Kenzans bedeckt sind.

Aus den fünf Rosen wird eine als *Shin* ausgewählt, die bis oben hin schöne und saubere Blätter hat. Das *Shin* wird auf die vorgeschriebene Länge (siehe Umschlagklappe) geschnitten.

Noch einmal erinnere ich daran, daß die Blumen immer unter Wasser geschnitten werden sollten, weil dadurch die Fähigkeit, Wasser aufzunehmen, besser erhalten bleibt. Das bedeutet längere Haltbarkeit.

Steht der Kenzan rechts, so wird die Rose leicht nach links geschwungen.

2. Die als *Shin* gewählte Rose hat unten fast keine Blätter; der Stiel wirkt nackt und kahl. Das *Shin* sieht reichlich schwach aus.

Ganz anders ist der Eindruck, sobald eine zweite Rose als Ergänzungslinie, *Soe* genannt, hinzugefügt ist. Die *Shin*-Linie wirkt jetzt stark und kräftig.

3. Die dritte Rose wird auf die Hälfte der *Shin*-Länge gekürzt. Diese *Shōshin*-Rose wird vor das *Shin* gesteckt und in dieselbe Richtung wie das *Shin* geneigt. Die Blüte sollte sich nach oben richten.

4. Von den beiden verbliebenen Rosen wird eine, mit kleinerer Blüte, als *Dō-ichi*$_{(-1)}$ verwendet und auf ⅓ der *Shin*-Länge zurückgeschnitten. Sie wird nach vorne schräg gesteckt.

Die letzte Rose stellt *Dō-ni*$_{(-2)}$ dar. Ihre Länge beträgt ⅔ der *Dō-ichi*$_{(-1)}$-Länge. Sie wird ebenfalls schräg nach vorne gesteckt. Ihr Neigungsgrad ist allerdings nicht so stark wie der des *Dō-ichi*$_{(-1)}$.

Die Positionen der Blüten werden so gewählt, daß die Spitzen von *Shin*, *Dō-ichi*$_{(-1)}$ und *Dō-ni*$_{(-2)}$ ein wohlgeformtes, ungleichseitiges Dreieck bilden.

5. Da die Stiele der Rosen immer noch karg wirken, werden ihre Füße mit *Tome* garniert. Vom großen Farn sollten zwei bis drei Seitenblätter mit Floristenband zusammengebunden und eingesteckt werden.

Da bei Verwendung eines Glasgefäßes die Steckfüße sichtbar sind und somit „leichtfertig" wirken, gewinnt das *Tome* hier an Bedeutung.

6. Die Länge des *Mikoshis* hängt stark von der Form des *Shin* ab. Da die Rosenblätter des *Shin* schon weitgehend die Funktion des *Mikoshi* übernehmen, wird der Farn kurz gesteckt. Das *Mikoshi* wird nach hinten gerichtet. Es verleiht dem Arrangement die räumliche Tiefe und steigert somit seine plastische Wirkung.

Wird der Farbkontrast zwischen Blüten und Blättern als zu stark empfunden, kann er durch Einstecken von kurzem Schleierkraut zwischen die beiden *Dōs* etwas gemildert werden. Das ist Geschmackssache.

Weitere Gestecke

Unheimliche Kräfte

Aufrechte Form

Material:
Kokosschale (Coclum)
Nadelkissen (Proteaceae)
Mahonie (Mahónia aquifolium)
Gefäß:
Japanische Längsschale mit Füßen, Keramik

Form und Farbe einer Kokosschale lassen unheimliche Kräfte spüren. Das übrige Material wurde dem angepaßt: genauso kräftige Pflanzen, ein robustes Gefäß. Doch die orangefarbigen Protea mildern die ganze Atmosphäre.
Die Kokosschale läßt sich — wie jedes Trockenmaterial — nur schwer auf den Kenzan stecken. Wir helfen uns auf folgende Art: Die Kokosschale verlängern wir am Fuß durch ein Aststück. Beides wird fest mit Draht und dann mit Floristenband entsprechender Farbe umwickelt. Auch der Stiel der Protea ist so hart, daß er zuerst schräg geschnitten werden muß. Dann erhält die Schnittstelle noch einen Einschnitt. Sie werden sehen, so läßt sich auch ein harter Stiel oder Zweig in den Kenzan einstecken!
Durch eine kleine Veränderung wirkt das Ganze weihnachtlich: Verwenden Sie Koniferenzweige anstelle von Mahonie, z.B. Tanne oder Kiefer!

Freude am Wachsen

Aufrechte Form

Material:
Mahonien (Mahónia aquifolium)
Iris
Zinnien
Farn
Gefäß:
Japanisches ovales Bambuskörbchen

Die Mahonie zeigt neue Triebe; das ist unser Thema! Das Körbchen, das in Japan von Sommer bis Herbst viel verwendet wird, bringt die Frische der Mahonie zur Geltung. Das gebogene Blatt der Iris ist als *Mikoshi* eingesetzt; es wirkt wie eine Aufforderung zum Wachsen. Weil die Köpfe der Zinnien sehr leicht knicken, sollten die Stiele zur Verstärkung mit Draht durchzogen werden.
In den Bambuskorb wird ein *Otoshi* (kleines Gefäß) gelegt. Korrekt wäre ein Gefäß aus Bambus, aber es kann natürlich auch aus Kunststoff sein. Wichtig ist, daß es nicht über den Korb hinaussteht. Wenn Sie in Ihrem Haushalt ein Brotkörbchen aus Naturmaterial haben, so läßt sich dies ebenfalls gut verwenden.

Unheimliche Kräfte

Beginn des Advents

Aufrechte Form

Material:
Wurzel
Ilexbeerenzweige (**Ilex aquifolium**)
Spiegelei-Chrysanthemen
Kiefer (**Pinus montana muchus**)
Flechtenzweige
Gefäß:
Japanische Blauschale

Kiefer, Chrysanthemen und Ilexbeeren symbolisieren Freude. Der Kenzan wird bei diesem schüsselförmigen Gefäß in die Mitte gelegt, aber die Anordnung der Materialien sollte unbedingt asymmetrisch erfolgen.

Eine Blüte

Geneigte Form

Material:
Atlaszeder (**Cédrus atlántica**)
Cattleye
Goldfarbige Drähte
Gefäß:
Japanisches Gefäß, Keramik

Da der Zweig der Atlaszeder eine klare, schöne Linie hat, kommt er als *Shin* in Frage. *Shōshin* und *Dō-ichi*$_{(-1)}$ fallen aus. An ihre Stelle treten die goldfarbigen Drähte. Die Cattleye wird mutig kurzgeschnitten und als *Dō-ni*$_{(-2)}$ gesteckt. So kommt die Form des Gefäßes gut zur Geltung.

Neujahrsfreude

Geneigte Form

Material:
Kiefer (**Pinus montana mughus**)
Cattleye
Grünlilie (**Clorophytum**)
Schwertfarn (**Nephrolepis**)
Gefäß:
Japanische Ovalflachschale „*Koban*“, Keramik

Die Kiefer zählt in Japan zu den beliebtesten Materialien. Als Immergrün ist sie Symbol für unvergängliche Vitalität. So wird die Kiefer zum unentbehrlichen Bestandteil der Gestecke zu erfreulichen Anlässen (Neujahr, Hochzeit, Geburtstag).
Die Zweige und Nadelbüschel werden sorgsam „frisiert“, damit die Schönheit und Besonderheit jedes Zweiges voll zur Geltung kommt.
Bei diesem Arrangement wurde die Kiefer als *Shōshin* anstelle der Blumen eingesetzt. Die Ästhetik der Linien wird durch nichts gestört. Die übrigen Bestandteile bleiben nahe beim Kenzan.
Bei den Blüten ist darauf zu achten, daß sie nicht in eine Richtung blicken. Auch Schwertfarn und Grünlilie (im Bild hinter den Blüten sichtbar) müssen in Bewegungen gebracht werden, die einander entsprechen.
Die Kombination zweier festlicher Materialien soll Neujahrsfreude ausdrücken.

Eine Blüte

Neujahrsfreude

Ein warmer Frühlingstag

Farbenkomposition

Aufrechte Form

Material:
Rispenhirse (Panícum miliáceum)
Kosmea
Enzian
Mahonie (Mahónia aquifolium)
Gefäß:
Bambuskörbchen

Die dunkle Rispenhirse als *Shin*, das helle Bambuskörbchen, sind mit dem Rosa der Kosmea und Violettblau des Enzians harmonisch in Einklang gebracht. Die grünen Blätter der Mahonie verleihen dem Gesteck die Fülle.

Ein warmer Frühlingstag

Hängende Form

Material:
Forsythien
Tulpen
Buchsbaum (Buxus sempervirens)
Gefäß:
Japanisches Compotegefäß, Keramik

Wenn die Tulpen voll aufblühen, ist die Blütezeit der Forsythien zu Ende; ihre wild über den Zaun wuchernden Zweige tragen an den Spitzen schon kleine grüne Blätter. Ordentlich zurechtgestutzt, sind sie durch ihre schön geschwungenen Linien für ein Arrangement gut zu verwenden. Gerade in Verbindung mit Tulpen, deren Blüten sich wie Windmühlenflügel voll öffnen, vermitteln sie das Gefühl eines warmen Frühlingstages.

Ein Beispiel . . .

An dieser Stelle möchte ich Ihnen einmal zeigen, wie alle meine Vorschläge zu verstehen sind: In exakt derselben Anordnung wie bei nebenstehendem Gesteck wurde hier mit völlig anderem, hochsommerlichem Material gearbeitet. Derselbe Aufbau führt doch zu einem ganz anderen Ergebnis.
Hier nun fängt Ihre eigentliche Aufgabe an: Kenntnisse, Geschmack und Fingerspitzengefühl in eigene Kreativität umzumünzen.

Faszination einer Ranke

Hängende Form

Material:
Geißblatt (**Lonicera Heckrotti**)
Gefäß:
Japanisches Compotegefäß, schwarz

Das früchtetragende Geißblatt ist ebenso schön wie das blühende. Seine Ranken sind eigenwillig geschwungen. Der Kontrast von roten Beeren und dunkelgrünen Blättern ist wirkungsvoll. Die Beigabe jedes anderen Materials könnte hier nur stören. Darum entschied ich mich für ein einsortiges Gesteck.

Sommerteich

Geteilte Form

Material:
Binsen (**Scirpus tabernaemantani**)
Schilfrohr (**Phragmites communis**)
Schwertlilie (**Iris laevigata**)
Seerosen (**Nymphaea**)
Gefäß:
Japanische Schiffsschalen, Keramik

Zwei Schiffsschalen unterschiedlicher Größe vermitteln die Atmosphäre eines Teiches. Zur Darstellung einer Wasserlandschaft sollen nur Wasserpflanzen verwendet werden. Binsen haben eine klare Linie; sie werden deshalb möglichst lang belassen. Die Seerosen dagegen, die im Wasser schwimmend aufblühen, werden dementsprechend kurz gehalten.

Diese gegensätzlichen Materialien wurden, in zwei Schalen aufgeteilt, als Hauptmotive arrangiert. So bilden sie eine geteilte Form.
Eine Binse wurde bewußt geknickt und stellt so die Verbindung zwischen den beiden Kähnen — bzw. den beiden Wasserflächen — her. Wenn Sie sich den geknickten Halm aufrecht vorstellen, wird Ihnen bewußt, daß die Einheit des Blumen-Kunstwerks noch fehlt.

Loblied auf den Herbst

Geteilte Form

Material:
Spierstrauch (**Spiraea thunbergi**)
mittelgroße Chrysanthemen
Mahonien (**Mahónia aquifolium**)
Wurzel
Gefäß:
Bambuskörbchen

Wenn der Spierstrauch bunt zu werden beginnt, ist der Herbst gekommen. Anlaß genug, auch dieser schönen Jahreszeit ein Loblied zu singen!
Spiraea hat viele kleine zarte Ästchen an seinen Zweigen. Diese dürfen nur wenig zurückgeschnitten werden. Große Blumen passen hierzu nicht, darum nehmen wir mittelgroße Chrysanthemen.
Zur Betonung der herbstlichen Atmosphäre legen wir eine Wurzel in die Mitte, woraus dann eine geteilte Form entsteht. Mahonie als *Tome* wird so kurz gehalten, daß der Fuß des Arrangements gerade bedeckt wird. Geschwungene Linien von Spiraea als *Mikoshi* machen das Ganze weich.

Sommerteich

Wie schnell vergeht ein Blumenleben . . .

Geneigte Form

Material:
Eibisch (Hibiscus syriacus „Red Heart")
Gefäß:
Japanisches Gefäß, Keramik

Der Eibisch, dessen einzelne Blüten im Sommer aufblühen und dann sehr schnell verwelken, ist als typische Teeblume in Japan sehr beliebt. Sie wird für die Teezeremonie im Teeraum arrangiert.
Oft wird empfohlen, nur eine einzige, aber voll geöffnete Blüte zu verwenden. Nach meiner Erfahrung spricht im europäischen Raum ein Arrangement mit mehreren Blüten mehr an.
Hier wurde jeweils eine volle Blüte für *Shōshin* und *Dō-ni*$_{(-2)}$ verwendet. Bei gründlicher Vorbehandlung des Materials blüht auch die Knospe im Gefäß noch auf. Ein blühender Zweig sollte lieber allein arrangiert werden, damit seine Schönheit auch voll zur Geltung kommt.

Wie schnell vergeht ein Blumenleben…

Wirbeln im Wind
Kombinierte Form
Beschreibung auf Seite 44

Gang durch den Herbst

Kombinierte Form

Material:
Eulalia (Miscánthus sinénsis)
Enzian (Gentiana)
Goldrute (Solidago)
Dahlie
Kosmea
Gefäß:
Japanische L-förmige Flachschale,
Keramik

Eulalia ist eine typische Herbstpflanze, die sich sehr gut in der aufrechten Form arrangieren läßt. Die Kosmea, ebenfalls typisch für den Herbst, wird in einen separaten Kenzan gesteckt. Das bloße Nebeneinanderstellen zweier Arrangements macht aber die kombinierte Form noch nicht aus. Hierfür müssen beide Teile gemeinsame oder sich ergänzende Merkmale erhalten.

Wir haben beide Male Goldrute mitverwendet, um einerseits die saisonmäßige Identität der anderen Blumen hervorzuheben, andererseits die angesprochene Gemeinsamkeit der Arrangements herzustellen. Wichtig war es, den Farbenreichtum im Herbst wiederzugeben. — Selbstverständlich könnten z. B. an die Stelle der Dahlien auch Astern treten, wenn sie die gleiche Farbkraft haben.

Wirbeln im Wind

Kombinierte Form

Material:
Styroporkügelchen am Draht
Wicken (Lathyrus odoratus)
Baumwucherer (Dendrobium)
Gefäß:
Japanische Doppelstockschale, Keramik

Die Styroporkugeln am elegant geschwungenen Draht vermitteln den Eindruck, daß sie von einer Windströmung hochgewirbelt werden. Die Wicken mit ihren zarten Ranken harmonieren mit dieser Bewegung.

Bei allen Arrangements der kombinierten Form ist darauf zu achten, daß beide Gestecke in verschiedene Richtungen sehen und unterschiedlich groß sind.

Noch einmal: Doppelstockschale

Jedes Ikebana-Gefäß, das Sie erwerben, läßt Ihnen für die Gestecke einen großen Spielraum, wenn auch in diesem Fall die kombinierte Form vorgegeben ist.

Hier also eine herbstliche Variante: weiße Rosen vor immergrünem Cotoneaster mit seinen roten Beeren.

Blumen plaudern miteinander

Kontrastform

Material:
Korkenzieherhasel
(Corylus avellana contorta)
Tulpen
Enzian (Gentiána clúsii)
Wacholder
(Juniperus chinesis pfitzeriana)
Buchsbaum (Buxus sempervirens)
Gefäß:
Pokalförmiges Keramikgefäß

Ein Gefäß mit weiter Öffnung ist für die Kontrastform am besten geeignet. Da das jetzt verwendete zugleich recht tief ist, wird es mit Sand so weit ausgefüllt, daß der Kenzan einigermaßen hoch zu stehen kommt.
Der Kontrast, in dem zugleich die Harmonie liegt, wird erzielt durch die Verbindung von langen Haselzweigen als das erste *Shin* mit kurzem, relativ schwerem Wacholder als anderes *Shin*.
Die weit aufgeblühten Tulpen und der Enzian wirken so, als wollten sie sich fröhlich miteinander unterhalten.

Blumen plaudern miteinander

Einladung zum Tee

Kontrastform

Material:
Feuerlilie
Enzian (Gentiána)
Pfaffenhütchen (Euonymus alatus)
Lederfarn
Gefäß:
Ovales Compotegefäß, Keramik

Die Pfaffenhütchenzweige mit spärlichen, rotgefärbten Blättern werden nach rechts und links weit ausladend angeordnet und mit den gleichfarbigen Feuerlilien garniert. Die hellorangefarbigen Lilien unterstreichen noch die herbstliche Atmosphäre.
Da die Kontrastform, für die sich das ovale Gefäß vortrefflich eignet, sich von drei Seiten (vorne, rechts und links) betrachten läßt, können Sie es z. B. auf eine Anrichte stellen.
Dann werden Sie in Stimmung kommen, zum Tee einzuladen und ein entspanntes Stündchen mit Freunden zu haben.

Eine gute Idee:

Fotografieren Sie Ihre Gestecke!

Ein Ikebana-Gesteck aus frischen Schnittblumen hält leider nur eine kurze Zeit. Das ist schade bei der vielen Mühe. Warum aber fotografieren Sie Ihr Werk nicht? Am besten gleich nach der Fertigstellung.

Beim Fotografieren bitte beachten:

- Das Gesteck nicht zu dicht vor den Hintergrund stellen
- Schlagschatten werden durch indirekten Blitz vermieden.

Mit den Fotos können Sie sich ein schönes Album anlegen, das mit Hilfe aller Daten einen Überblick über Ihre Fortschritte bei Ikebana und beim Fotografieren gibt.
Aus gelungenen Aufnahmen können Sie sich auch persönliche Grußkarten herstellen, die überall Freude bereiten.

Bezugsquelle

Über die Autorin können Sie die verschiedenen Gefäße, Kenzane und sonstigen Hilfsmittel beziehen.
Die Postanschrift lautet:

Sachiko Matsunaga
Postfach 320713
4000 Düsseldorf 30

Fotos: Yoshiharu Okita, Seite 40
alle anderen Aufnahmen von der Autorin

Auflage: 9. 8. 7. 6. | Letzte Zahlen maßgebend
Jahr: 1997

ISBN 3-7724-0618-1 · Best.-Nr. 880
Druck: Frech-Verlag GmbH + Co. Druck KG, D-70499 Stuttgart